Change your

人生を変える留学

大きな自信を獲得した30人の行動

International House Vancouver
教育プログラム顧問
サミー高橋
Sammy Takahashi

決断の時に
Yesと言え！

まえがき

留学して英語が話せるようになりたい。
そして人生を変えたい。

　そう心のなかで思っている人はたくさんいると思います。海外に行き、何が飛び出すかわからない環境の中で、生の英語を聞き、話す。そこで使える英語が身につくことはもちろん、本音と建前のない英語を使うことで、自分の思いをストレートに表現する力もついてきます。英語力が身につけば行動範囲も一気に広がります。

　しかし、ただ海外の英語学校に受け身で通うだけでは留学の価値は発揮されません。ではどうしたらいいのか。そのヒントを提供するのが本書です。私が交流してきた学生の中に、積極的な姿勢で留学を自分の大きな成長の場にした学生たちがいます。

　彼らはどんな思いをもって、どんな行動をしたのか。それをぜひ本書からつかんでください。

折しもこの本の校正をしている最中に、日本最大手の留学エージェントから、うれしい知らせが入りました。私が教育顧問をしているバンクーバーのインターナショナル・ハウスが英語学校の世界ランキングの第1位に選ばれたという知らせでした。きっとこれからも熱い思いをもったたくさんの若者がカナダにやってくることでしょう。私は彼らとの出会いを心待ちにしています。

　留学をきっかけに人生を変えてみたいあなたに、この本があなたのハートに火をつけてくれることを願っています。

2020 年 4 月
カナダ・バンクーバーにて
サミー高橋

CONTENTS

人生を変える留学

大きな自信を獲得した30人の行動

1 手作りのギターを私にプレゼント

——————— 永吉実君

　永吉君は留学生ではないのですが、私が学生に関わるときの姿勢を確信させてくれた学生として最初に紹介させてください。

＊　＊　＊

　教師が学生にとっていかに影響のある存在かを、私が英語を教え始めた時には強く意識していました。

　それは私自身が高校時代に強く感じていたからです。高校２年で出会った英会話スクールの先生、ティモシー・ビームさんはカナダ人で、哲学者的な雰囲気を持った物腰の柔らかな人でした。当時でいうヒッピーだったのかなと思います。私は英語が好きでしたが、ネイティブスピーカーと話す体験はなく、ビーム先生が初めての外国人であり、西洋人、かつネイティブスピーカーでした。

　彼は私にこう言いました。

「若い時にはクラブ活動など、ひとつの組織だけに属するのでなく、いろんな人と交わって視野を広げなさい」

　その言葉に力を感じて、高校で周りの生徒たちがみんな部活をしていた中でも、自分はそれをせずに過ごしました。振り返ると、私は先生の助言を人生のひとつのポリシーにしてきたといえます。

　永吉君は、私が日本で講師をしていた英会話クラスの生徒でした。とても礼儀正しい高校生でビートルズが好き。それでよく私は彼と洋楽

8

の話をしていました。私もビーム先生と音楽の話をよくしたものでした。

「僕がアメリカに留学した時、楽器屋で日本製のギターを見つけたんだ。『タカミネ』というメーカーで、日本では有名ではないけど、アメリカではギブソンのように貴重がられていたんだよ」

こうした私の話に永吉君は熱心に耳を傾けてくれていました。

それから約8年後のことです。当時私は公団住宅に住んでいたのですが、仕事を終えて家に帰ると、玄関口にギターケースが置いてあったのです。家の中に持ち込んで、ケースを開けてみると、入っていたのは"タカミネ"のギターでした。永吉君からの贈り物に驚きと喜びで胸が熱くなりました。彼はタカミネに就職していたのです。ギターとともにこんなメッセージが入っていました。「まだ売れるようなギターは作れないけれど、見よう見まねで先輩から教わり、やっとこのギターができました。これを先生にプレゼントします」

私が中学時代にカッコいい宇佐美先生の影響で英語が好きになり、ビーム先生からも影響を受けたようなことが、永吉君にも起きていたのです。彼の人生にかかわれたことは大変うれしく、私は教師冥利(みょうり)に尽きると感じています。

2　少年野球の指導を通じて現地の
　　　コミュニティに入り込む
────────────佐々木健志君

　私は以前、英語学校をカナダのバンクーバーとビクトリア、そして東のトロント、オーストラリアのシドニーとブリスベンの5都市で展開していました。本書ではその学校をPG校と呼ぶことにします。

　佐々木健志君との出会いは、そのPG校のバンクーバー校でした。健志君は高校時代、札幌第一高校で野球をしていました。札幌第一高校と言えば甲子園出場の常連校です。それで彼には野球を通じてカナダの子どもたちに接してもらいたいと思い、私は息子の所属するダンバーリトルリーグに「札幌から来た甥っ子だ」と言って、カナダに来たばかりの健志君にアシスタントコーチとして入ってもらいました。とにかく現地の英語の世界に入り込んでほしかったのです。チームメンバーは日本の中学1年生に相当する子どもたちでした。

　アシスタントコーチとは言っても、やらせてもらえることは道具の用意などに限られていたので、実際はヘルパーです。でも、健志君はそれ以上のことを進んでやりました。

　試合の最中、相手チームに打たれてばかりの流れになりかけた時のことです。健志君が自らマウンドのピッチャーのところへ行って指導をしたのです。もちろんすべて英語です。その姿は大変頼もしいものでした。

その後チームは順調に勝ち進み、優勝を手にしました。代表として
ヘッドコーチのポールさんと健志君がチームの優勝カップを手にする
姿を写真に撮りながら、私は健志君に

「これは君の就職活動に使えるぞ!」

　と言いました。

　ところで当時、PG校のバンクーバー校はロブソン通りという目抜き通り
にあり、常時６５０人を超える学生がいました。学生が多くなれば日本人
の学生の数も多くなるのは当然ですが、それに不満を持つ日本人学生
がいました。大手企業を休職して英語留学に来た人です。彼は「日本人
学生が多すぎる。なんとかしろ」とクラス全員を巻き込んで、私のいる
学長室に抗議しようとしていました。こうして多くの日本人学生が抗議
に加わろうとしていた中でも、健志君は「自分は自分」という姿勢を貫い
ていました。

　カナダに来た頃の彼のTOEICの得点は200点。それが１年の滞在
でネイティブスピーカーのようになっていたのには目を見張りました。

　健志君から聞いて印象的だった言葉があります。
「自分は不良の時代があった。大人は嘘つきで信用できない。でも
サミーさんは初めて信用できる大人だと思った」

また卒業後にはこんな体験がありました。彼が「あるビジネスの権利を買った」と話してくれた時、私の口を突いて「詐欺に遭うケースがあるので気をつけて」と言葉が出てきました。するとその後、本当にそれが詐欺だったとわかったそうです。そして健志君は、だました相手に会い、キャッシュカードから何から取り上げて金銭を回収しようとしました。胸ぐらをつかんで「金を返せ！」と迫ったそうです。その時「利子も付けて返せ！」と言いたくなったところを「サミーさんならそうはしないだろう」とふと思い、ぐっとこらえたそうです。

　彼は現在、留学会社の社長をしながら、東京にあるエアライン系の専門学校の非常勤講師を務めています。今では留学の仕事で毎年夏に私の住むバンクーバーにやってきます。こういう教え子がいることを心から誇りに思います。

3　　初級の英語力からスタートし
　　　海外のＣＡの職を手にする
　　　　　　　　　　　　　　　　——徳永有香さん

　2012年から外資系の航空会社でキャビンアテンダントをしている女性が、次に紹介したい徳永有香さんです。有香さんは26才の時にバンクーバーのPG校で語学留学を始めました。

　ある日のこと、有香さんが私に「会ってお話できますか？」と声をかけてきました。話はルームシェアの相談でした。そう言えば私の電話に彼女から話がしたいとメッセージが残っていました。

　「サミーさんはシェアをする（一緒に住む）なら、カナダ人とシェアしろ、日本人とシェアは英語が上達しないとおっしゃいましたね。ですから私はカナダ人とシェアしようとデポジット（敷金）の200ドルを彼女に払ったんですが、その人から『この時間はお友達が来るから部屋にいないで』と言われたんです……」

　それってどういう意味なのか尋ねてみると

　「その女性は同性愛者でガールフレンドが時々、部屋を訪ねてくるらしいんです。私は同性愛の人とは暮らしたくないです」

　そう泣きながら話す有香さんに私は

　「200ドルでよかったじゃないか」

と言ったそうです。彼女は

「せっかく一生懸命働いて貯めたお金ですから……」

　と言いましたが、私は

「英語では"Could've been worse."って言うんだよ。もっと悪い状況だってあったかもしれないんだから200ドルでよかったじゃない」

　と有香さんに涙を拭くようにティッシュボックスからティッシュを渡しました。そのうち、もっと高いお金だったり、もっとひどいこともあり得たなら、この状態はまだましなことと思えてきたようです。

　ところで有香さんの英語力はというと、クラスは下から２番目のレベルでした。ですからスターバックスで働くなんて到底無理だと周りの人たちから言われたのですが、彼女は体当たりで仕事を取ってきました。現地の人と働かないと英語力は身につかない、せっかく海外に来たのだからとがんばった有香さんの行動でした。私はそれを聞いて、この積極性が今後の就職で必ず生きてくるはずだと確信していました。

　積極性といえば彼女は以前、日本の大手の入社試験に落ちてしまった後、「なんで私を落としたんですか？」と社長に手紙を出し、入社を勝ち取った実績の持ち主でもありました。

　スタバで８カ月働いた後、「児童英語の先生になりたい」という思い

が芽生えた彼女に、私は「ここに行け!」と、児童向けの英語教授法を教える学校を勧めました。しかし彼女は資格がないのに体当たりで入社にこぎつけ、会社のトレーニングで児童英語教授法を習得しました。

それから彼女はワーキングホリデーでオーストラリアのシドニーに行きました。とにかく英語を使った仕事をしたいと勤めだしたのが、東南アジア系の留学エージェントの会社でした。でもここは英語よりも日本語を使う仕事だったようです。

シドニー出張で私がそこを訪ねた際、言ってはなんですが、薄汚れた感じのオフィスで、有香さんはここで時間を無駄にしていると思ったものです。その時の雑談の中で彼女が

「メルボルンから来た家族と旅先で一緒になり、『ぜひメルボルンにいらっしゃい』と言われたんです」

と話してくれました。その言葉を本気で受け取る人は少ないかも知れませんが、私は直感で言いました。

「有香さんのことが好きでなければそんなことは言わないと思う。有香さん、メルボルンに行きなさい!」

「いや、でも私、シドニーで働いていますし……」

「そんなこと言わないで行きなさい。何かが待っているから」

と強く後押ししました。

　その後本当に有香さんはメルボルンに行き、いい環境なのが気に入って数カ月滞在しているうちに、より英語にも慣れてきました。そしてジェットスターという航空会社で苦情に対応するカスタマーサービスの仕事をゲットしたのです。

　接客の中でオーストラリア人に「君の英語では埒（らち）が明かないから、他の人に替わってくれ」と言われても、"No. Please let me do my job!!"（私にやらせて下さい）と強気で対応し、そのポジションを守り抜いたといいます。そこで他の人と替わってしまえば日本人対応の担当に変えられてしまい、英語力の向上は望めないと有香さんは直感で悟ったのです。

　その後、有香さんは日本に帰ってキャビンアテンダントの職を目指しました。その時も友人や両親から狭き門だから受かるわけがない。年齢的にも難しいと反対されつつも応募し続けました。最初に応募してみた時、

　「集団面接に行くと、みんなエアライン就職のための学校に通ったりしてるんですよ」

　と私に言うので、

「じゃあ、エアラインのコースを取ったらいいじゃないですか」

と勧めたところ、エアラインの学校に通いだし、そしてついに外資系の航空会社のキャビンアテンダントの職を手にしたのです。今では航空業界のグラビアに載ったり、シンガポールのラジオ番組に出演したりと大活躍しています。

有香さんに関しては、有香さんのご両親と妹さんがバンクーバーを訪れた時のことも思い出されます。

「サミーさん、娘が大変お世話になっています」

と挨拶してくださいました。

「娘に１年経って会ってみると厚かましくなっていて……」

と言うお父さんに

「こちらはそのくらいでないといけないんですよ」

と語りました。その厚かましいと思えるほどの積極性が有香さんの夢を叶えたのです。

4 カナダのアパレル会社で 日本出店のリーダーになった

─────生駒信一郎君

　ワーホリでカナダに来ていた生駒信一郎君もPG校の塾によく来てくれていた学生です。

　留学がスタートしたばかりの彼に、私は趣味で現地のコミュニティに入り込むことをアドバイスしていました。それで彼は夏場、週末の度にキツラノビーチに行っていました。理由はビーチバレーボールをするカナダ人たちの仲間に入りたかったからです。ただそうは思ってもなかなか"May I join you?"（僕も入れてくれますか?）と言えずにいました。

　ですが、ある日ついに思い切って声をかけることができました。そのグループに快く受け入れてもらい、カナダ人たちと一緒にプレーをしだすと、バレーの得意な彼はすぐにそのグループの中心人物になっていきました。

　ある日、彼は塾の掲示板に貼った求人広告をじっと見ていました。広告は学校の向かいにあったルルレモンというヨガウェア店のものでした。募集していたのはストアマネージャー（店長）とストアクラーク（店員）です。

「君はルルレモンに興味があるの?」

「はい、僕はスポーツをやってましたから」

「どっちに応募するの?」

「サミーさん、当たり前ですよ。ストアマネージャーです」

「へえ!自信あるの?」

「自信はともかく、ストアマネージャーに落ちてもクラークに雇ってもらえる可能性がありますけど、クラークで応募して落ちたらその下はないのでストアマネージャーでいきます!」

　そんなポジティブな彼は日本で社会人バレーボールをやっていた青年で、ちょっとはにかみ屋でしたが背が高くイケメンで、女の子たちをいっぺんに魅了してしまうナイスガイでした。そして実際にルルレモンへ面接に行った彼が報告してくれました。

　「ストアマネージャーとして雇ってもらえました」

　その後、彼はルルレモンの日本での新店舗立ち上げスタッフに任命されます。名古屋の栄にあるデパート、松坂屋南館にオープンしたルルレモン日本第4号店の店長になったのです。その店のオープニングに、私はPG校のスタッフだった山田美奈子さんと一緒に出向きました。彼は

「ここは２階で人の流れが少ないので、今後ぜひ１階に進出したいです」

と抱負を語り、私はその姿を頼もしく感じていました。そのオープン後の翌年、日本市場からの撤退が決まり、彼はバンクーバーのルルレモンに戻って働きたいと志願して自費でやってきます。しかし今度はワーホリだった以前と違ってワークビザを出してもらう必要もあって簡単にはいかないからと、会社に提案をしました。

「僕のことを２週間使ってみて、できる人材と思ったらワークビザを出してください」

そしてその方法が功を奏して、彼は奥さんを連れてバンクーバーに戻ってきました。奥さんを紹介された際、私は彼女につい余計なことを言ってしまいました。

「彼はこれからどんどん大きな人物になるので、彼を縛ることだけはしないでね」

その言葉への彼女の返事はありませんでした。

ちなみに日本での結婚式には、かつてキツラノで一緒にビーチバレーを楽しんだサイモンフレーザー大学の学生が数名出席したくれたそうです。それほど友人関係が深まっていたのです。

充実したバンクーバー生活を終えて帰国した彼は、それから再び

ワーホリでオーストラリアのパースへ行き、そこでもルルレモンで働きました。その後、ニュージーランドのオークランドで休暇を過ごし、年老いてきた両親のそばにいたいと日本に戻った生駒君と彼の住む名古屋で再会しました。彼は奥さんとは離婚し、奥さんはカナダ暮らしを続け、カナダ人と再婚するという展開になっていました。

その後、生駒君は愛知県でトヨタ自動車のグループ会社（豊田合成）に就職しました。そこで会社のバレーボールチームの通訳として働き始めたのです。当時の監督はヨーロッパから来ていた人物で、その時代にチームは国内最高峰のVリーグで日本一に輝くことができました。チームがその栄冠を手にした時、監督は生駒君に

「シン（信一郎）が通訳でいてくれたから日本一になれた」

と言ってくれたそうです。その感激の思いを私に伝えてくれました。現在彼はチームの広報担当としてがんばっています。

5　迷った末の決断でカナダの銀行での 就労を果たす
————————山本由香さん

　私がPG校の5、60人の学生たちに向かって、こんな世間話をしていた時のことです。

　「９１１の事件の後、カナダから直行便で成田に飛んだんですが、空港にスーツケースが届いていなかったんですよ。それでフォーマルなワイシャツもネクタイも靴もなくて、とっても困りました」

　こうと言うと、すかさず

　「あーすみません！たまにあるんですよね」

　と謝る学生がいました。どうしてあなたが謝るのかと聞くと

　「私はつい最近まで航空会社のグランドスタッフとしてロストバゲージの仕事もしていました！」

　と言うのです。それが山本由香さんでした。

　由香さんは、ワーキングホリデービザを使って1年間の滞在予定でカナダに来ていました。彼女の積極性が印象的だったので、東京銀行（現三菱UFJ銀行）のバンクーバー支店の支店長の方から「オフィスにワーホリの人を雇いたい」と声を掛けられた時に、「由香さんしかいな

い!」と思って由香さんに応募するよう勧めました。ですが、その時点ですでに4カ月が過ぎていました。

　「お話はありがたいですけど、残りの2カ月はビクトリアでTOEICの勉強をしたくて、ホームステイ先も決まっているんです。先方のご迷惑になるでしょうから、お話はありがたいですけど結構です」

　と、その話を断ろうとしました。私はそれではいけないと思って、力を込めて言いました。

「迷惑をかけてもかまわない!! ホームステイはキャンセルしたらいい。自分の一生を考えて優先順位をつけたときに、何が大事かによって迷惑がかかる人が出てもしょうがない。そのときは丁重に謝ったらいいんだ」

　そんな話をしたので、由香さんは考え込んでしまったようです。そして翌日、彼女は熱を出して寝込んでしまいました。学校欠席の連絡を受けた日本人スタッフが言うには、彼女は小学生の時から学校を休んだことがないのに、今日は熱が出て家を出られないのだと。それを聞いた私は

「悪いけど由香さんに電話をかけてください」

　とスタッフに言って、その後、私が由香さんに言いました。

「どうしましたか?　熱があるのですか?」

「あります」

「大事な話がありますからタイレノール（解熱薬）を飲んで学校まで出てこられませんか？」

　そうしたら学校まで1時間ほどかかるリッチモンドのホームステイ先から薬を飲んで出てきました。

「何の話ですか？」

　と聞く由香さんに言いました。

「この間の銀行の話なんだけど、迷惑をかけてもいいから、すぐにこの仕事を引き受けるべきだ。これは千載一遇のチャンスだよ」

「わかりました。すぐ雇っていただけるならそうします」

　と受け入れてくれたのですが、いざ銀行に連絡してみると、人事担当者が2週間休暇を取っていて、面接は2週間後になるとわかりました。それで由香さんが

「（2週間待った挙句）採用されなかったら困るので、やっぱりビクトリアに行きます」

　と言い出したので私は、

「受かると思いなさい！2週間待つ価値はあるはずだよ」

　と強く言って彼女を待たせました。

その後、由香さんは晴れて銀行に採用となって大活躍しました。滞在を延長し、ワーホリ期間の1年が終わる時も銀行の支店長に「就業ビザを出すから由香さんに銀行に残ってもらいたい」と話をされました。そこで私から彼女に

「なかなかこういうチャンスはないし、カナダの永住権につながるかもしれないから、このチャンスを活かしたらどうだろう」

　と言うと、

「お言葉は大変うれしいですが、日本で待っている人がいますから……。それにこの1年とても充実した時間を過ごせましたから」

　と語ったので、それは仕方ないと思っていたのですが、日本人スタッフから、日本で待っているという彼氏が由香さんのことをあまり真剣には考えてくれていないらしいという話を聞いて、それならばと思い、由香さんと再度話をしました。

「こんなチャンスはめったにないからこれを断って、日本へ帰るのはもったいないじゃないか!」

　それでも本人の日本に帰る気持ちは変わりませんでした。しかし、その帰国直前のバンクーバー島のトフィーノへの旅行が彼女の人生を変えました。トフィーノへ向かうバスの中でクリスさんとの劇的な出会いがあり、結婚し、今はカナダでふたりの子どもと共に温かい家庭を築いています。人生は本当に出会いがすべてだと改めて思いました。

6 卒業後にカナダに戻り、根気強さで仕事をこなす
―――――――山田美奈子さん

　山田美奈子さんは私が経営していた英語学校の卒業生でもあり、スタッフでもあった、私を支えてくれた重要な人です。裏で支える仕事だったので、彼女の中ではおそらく「自分のがんばりをサミーさんは十分に認めてくれていない」という気持ちもあったのではないかと思います。

　彼女はPG校を卒業後、いったん日本に帰りました。そして留学時代から、観光業の盛んなバンクーバーで働きたいと思い、海外専門の旅行会社を見つけて4年間働き、それからワーホリビザを取って私に連絡を取ってきました。

　当時、PG校はビクトリア校もあって、そこのスタッフのひとりがトロントに引っ越すというので、誰かを代わりに雇う必要がありました。そこで美奈子さんに声をかけ、ワーホリビザでカナダに来てもらいました。クリスマスシーズン直前のことでした。

　ところがそのスタッフの気持ちが急に変わってトロント行きを止め

てしまい、美奈子さんの仕事がなくなってしまったのです。それで彼女にはバンクーバー校の経理のアシスタントをしてもらうことにしました。誰も働いていないクリスマス休暇中、彼女ひとりに経理の書類整理をやってもらっていた記憶があります。その後、彼女は地道な取り組みと粘り強さで、いつしか経理だけでなく、学生たちのカウンセラー役から留学エージェントとの交渉までひとりで何役もこなしてくれる、なくてはならないスタッフになっていきました。美奈子さん抜きにはPG校を語ることができません。

　ずっと彼女は裏方の仕事に徹して続けてくれるものと思っていましたが、9年ほど勤務した頃に退社を決めます。日頃自分がカウンセリングをしている学生たちが輝いて羽ばたいていく姿を見て、「自分もこれで終わりにしたくない」と思ったようです。

　彼女は日本に帰国後しばらくしてから結婚し、シンガポールに1年半住む経験も経て、日本で再び生活を続けています。ある時は大学の国際センターで留学希望の学生のカウンセリングをする仕事をしていましたが、現在は日本在住の外国人向けのネイリストとして活躍しています。美奈子さんはこの本で紹介する他の卒業生に比べて地味な性格にも見えましたが、私にとってこの人の存在はとても大きなものでした。

7 ピンチをチャンスに変えて
カナダの永住権を取得
―――――― 菊地ヒロ君

　菊地ヒロ君。日本の大手コンピューター会社でプログラマーをしていた彼もバンクーバーのPG校の学生でした。この学校で私は英語を身につけるための姿勢を日本人学生向けに伝える塾を開いていて、彼がこの塾の最初のセミナーの後で私にこう聞いてきたのを覚えています。

「サミーさん、ネイティブスピーカーくらいの英語力をつけるのにはどれぐらいカナダにいたらいいですか？」

　それに対して私が

「君がネイティブスピーカーの人に何年かかるか聞いてきたら？」

　と答えたところ、彼は次に会った時に

「サミーさん、聞いてきました！３年かかるって言われました。僕はワーキングホリデーで１年しかカナダにいられないんですけど、絶対何とかして３年います！」

　と言ったのです。そしてヒロ君は早速ダウンタウンのカフェで仕事を見つけて働き始めました。

彼から電話があるときはいつも「サミーさん、菊地ヒロです」という言葉から始まります。その電話のときも「サミーさん、菊地ヒロです」と始まり、こう言いました。

「１年経ちましたけど、ビザをビジターに切り替えて、あと半年いることにします」

　それからしばらく経って、

「サミーさん、菊地ヒロです。１年半経ちました。３年いたかったけど残念ながら帰ります」

　と電話がありました。そしてまた月日が経ってから電話がかかってきて

「サミーさん、菊地ヒロです。バンクーバーに戻ってきました」

　と報告がありました。ヒロ君は日本に帰国する前日、バンクーバーのゲーム会社へ手当たり次第に履歴書を置いてきたそうです。しばらく何も反応がなかったのに、半年近く経ってその中の１社がワークビザを出してくれることになり、それでバンクーバーに戻ってきたのでした。

「その会社にこれでもう３カ月働いています」

　そう伝えてくれた日から、またずっと彼からは音沙汰なしになっていました。

それから5、6年経ってのことでした。ヒロ君からメールが来て、こう書いてありました。

「サミーさん、菊地ヒロです。覚えてらっしゃいますか？　僕はおかげさまでカナダの永住権を取ってバンクーバーでコンドミニアムを買って悠々自適な暮らしをしています。サミーさんにお世話になったので、ぜひお目にかかりたいです」

　会って話を聞いてみたら、ワークビザを出してくれた会社は1年以上給料が出なかった挙句、倒産してしまったそうです。しかしそこで幸いだったのが、そのゲーム会社の社長は別のゲーム会社の社長と仲がよく、社員が皆、その別会社に採用されたのです。その新たな職場となったゲーム会社に200人いたスタッフの中で日本人は彼ひとりでした。永住権は、その転職先の会社がスポンサーになってくれたのです。芸は身を助くというのはまさにこのことです。

　無給で働いていた間、日本のコンピューター会社で働いて貯めた蓄えが底を尽きそうになっていたにもかかわらず、現在の会社でお金を貯めてコンドミニアムが買えたそうです。無給でも仕事を投げ出さずに続けた彼の根性に敬服します。

8 姉妹都市の日本庭園で
お茶を点てるミッションを叶える
────────鍼田恵理さん

　鍼田（おのだ）恵理さんはバンクーバーに来た当初、英語力が下から2番目のクラスでした。それではとても会話にならないレベルなのですが、恵理さんは果敢にドーナツ店ティムホートンズの仕事に応募しました。採用面接では、しょっぱなに "IIow is your English?" と聞かれましたが、そこでも物怖じせず "Very good." と答え、しっかり採用されて働き始めたのです。

　そもそも恵理さんのカナダ行きには彼女独自の目的がありました。彼女は愛知県の春日井市出身です。春日井市はカナダのケローナ市と姉妹都市で、ケローナ市には「春日井ガーデン」という日本庭園があります。そのことを知っていた彼女には茶道の心得がありましたので、「カナダに行ったらケローナの日本庭園でケローナ市長を相手にお茶を点てる」と心に決めていたのです。

　そして彼女は実際にバンクーバーから車で4時間はかかるケローナ市に出向きました。しかし冬場だったために、残念ながら春日井ガーデンは閉まっていました。ですが、そんなことではひるまず、恵理さんはケローナ市役所に行って掛け合いました。

「私は春日井ガーデンでお茶を点てるためにここに来たので、どうか開けてください！」

　そしてついにはガーデンを開けてもらって、しっかりケローナ市長を前にお茶を点てることができたのです。

　恵理さんというとバンクーバー滞在の1年間、英語を使って話しまくっていた姿も印象的です。そんな彼女が日本に帰国した時のことを自分でこう話していました。

　中部国際空港セントレアへ彼女を迎えにきたお母さんと空港内のスターバックスでお茶を飲もうとメニューを見た時、恵理さんには1年ぶりに見る日本語で書かれたメニューが不思議に思えたそうです。

　その後恵理さんはオーストラリアに行きました。そこで国際結婚、出産を経験し、現在は地元の小・中・高・大学生に日本文化を伝える先生をしています。

9 海外で働き続ける夢をシドニーで叶える
────────藤原尚子さん

　PG 校では、毎年業務アシスタントを募集していました。その募集を PG 校の卒業生にも知らせていたところ、京都に住んでいる卒業生が応募してきました。その女性が藤原尚子さんでした。大変優秀で快活、関西弁のユーモアにあふれた語りが印象的な人物です。

　最初はワーホリビザで働いていましたが、そのビザが切れたので、会社のスポンサーにより、1 年の就労ビザを手にしました。しかしそのビザも切れてしまい、やむなくカナダを離れることになったのですが、彼女はとにかく海外で働き続けたいと、いわゆる "ギリホリ"でシドニーに行きました。

　そのシドニーでなんとか働き続けようとがんばった尚子さんでしたが、思うような仕事に就けず、

「あと 2 カ月でビザが切れちゃうんです」

　と私に SOS を送ってきました。そこで私はシドニーで英語学校を経営する知人に尚子さんを紹介しました。すると思いがけず、知人から「4 年の就労ビザを出しましょう」という寛大なオファーをもらうことができました。しかし条件がありました。「1 年だけは東京のオフィスで働いてほしい」というものでした。それ

で彼女はやむなく東京のオフィスに勤め始めたのですが、そこでものすごくストレスを抱えることになりました。それでも彼女は目の前のゴタゴタした状況を気に留めずに仕事をやっていけばいい、と自分を精一杯鼓舞したのですが、結局精神的に参ってしまい、その会社を辞めてしまいました。尚子さんはこの仕事を果たせずに辞めてしまったことを私に大変申し訳ないと思っていたようです。私は尚子さんに「私たちは幸せになるためにこの世に生まれてきたのだから、人生いろんなことがあるけれど、前を向いて進めばきっと良いことがある」とことあるごとに言っていました。

　そして、そこはバイタリティにあふれた尚子さんのこと。本来のエネルギーを復活させて、またオーストラリアへ行き、いろんな仕事に果敢にチャレンジした後、現地の日系の銀行に就職を果たしたのです。そして現在はオージー（オーストラリア人）と結婚してシドニーで暮らしています。

10 「私を連れていってください」
体当たりでシドニーの人生につなげる
────────加藤聖子さん

　加藤聖子（さとこ）さんは PG 校の東京にある親会社の海外語学学校事業部のスタッフでした。

　聖子さんと直接会ったのは、彼女がバンクーバーへ学校の視察に訪れた時です。空港に彼女を迎えに行って、なかなかそれらしい人が現れないなと思いながら待っていると、少しあどけなさの残る女性が目の前に来て

「私、加藤です」

　と声をかけてくれました。

　聖子さんは留学は経験していないのですが、英語が上手でした。おっとりしていて、ガンガン前に出ていくタイプではなかったので、脇を固めてくれる事務スタッフとして私は聖子さんを捉えていました。ところがシドニーに学校を開くための現地視察を計画している際に聖子さんが

「私をシドニーに連れていってください」

　と言い出したのです。私はやや考えて、東京オフィスでよく裏方の仕事をしてくれているのでそのご褒美として

「来ていいですよ」

　と OK を出しましたが、シドニー校で働くスタッフについては、すでに頭の中で決めた人物がいました。ですが聖子さんが続けて

「シドニーの仕事を私にやらせてください」

　とはっきり名乗りを上げたのです。そしてこんなやりとりになりました。

「じゃあ、ワーホリを取って 1 年向こうに行ったらどうだい？」

「いえ、私、 1 年では帰らないと思います」

「どういう意味だい？」

「シドニーで私を使ってください」

「でも君は海外で働いたことはないよね」

「はい……」

「まあ、とにかく視察に行こう」

　現地の仕事を任せるかどうかは保留にしたまま、成田から一緒に飛行機に乗ってシドニーに向かいました。

　いつも新しい学校の開校の際には、現地で人気のある学校を回り、それぞれの学校がどのくらい学生を集めているか、どのようなロケーションで開校しているかなどを調査します。この市場調査は

私にとって非常に楽しい仕事です。ただ、シドニーの学校関係者にも私の顔は知られていますから、学校の視察は私の代わりに現地学生と同世代の人に頼んでレポートしてもらっています。到着した初日のことです。

「聖子さん、今日はまず○○スクールに行ってきてください」

「はい、行ってきます！」

　元気に学校視察に出かけようとする聖子さんのバックパックに目をやると、こともあろうに PG 校のロゴがばっちり印刷されていました。

「ちょっと待って！これ持っていけないよね」

　と苦笑したことを覚えています。

　ともあれシドニーできちんと視察のミッションを果たした彼女を、私はシドニー校に配属することを決めました。その後、彼女はシドニーで結婚し、子どもも生まれました。ご主人が日本語を学びたいからと現在は東京に家族で暮らしています。

11 数十の企業にインターンシップで応募

──────────福田雄一君

もう 20 年以上前のことです。

「カナダにサミー高橋がいるから行ってみたらどうか」

　大学のゼミの教授にそう声をかけられてバンクーバーにやってきたのが福田雄一君でした。教授は私の友人です。

　雄一君に会って話を聞くと、彼には英語を学ぶほかにもやりたいことがありました。

「企業でインターンシップがしたいんです」

　そう力を込めて言う彼に、どんな企業で働きたいかを聞くと

「貿易会社です。貿易会社で働きたいんです」

　と熱く答えてきました。

　ですが当時の私の英語学校では貿易会社を紹介していませんでした。それで学生のインターンシップを受け入れてくれる貿易会社をスタッフに探してもらったのですが、残念ながら見つかりませんでした。せっかく意欲のある学生だし、親しい友人の紹介ということもあったので申し訳ないと思い、私は週末に彼を連れ出して日本食をごちそうすることにしました。

レストランでビールを飲み交わしながら——

「申し訳ないけど貿易会社のインターンシップは用意できないんだ」

「わかりました」

「でもそれで満足できるの？」

「いいえ満足はしてません」

「でも貿易会社はないから仕方ないね……」

　と雄一君にビールをつぐ私でしたが、ほかに何かできることはないかと考えていたら、自宅にある日系企業の電話帳の存在を思い出しました。ちなみにその頃はまだインターネット上に企業情報がほとんど出回っていなかったのです。

「英語はほとんど使えない職場かもしれないけど、日系の会社でもよかったら家に情報があるよ。僕の家に寄っていくかい？」

　そして私の自宅にやってきた雄一君にバンクーバーの日系企業の電話帳を渡しながら、

「貿易会社があるかもしれないから電話をしてみたら？」

と勧めました。

それからの彼の行動は目を見張るもので、2週間で数十もの会社に連絡を取ったそうです。そしてついにある貿易会社が受け入れてくれて、無事2カ月のインターンシップを経験できました。そのインターンシップを終えて日本帰国の直前、雄一君はわざわざ私に感謝の気持ちを伝えに来てくれました。

　彼が何としてもカナダで就労体験をしたかったのは、日本での就活を成功させるためでした。それもただの就職ではなく、アメリカ勤務の夢を叶える企業への就職です。見事に9社の内定を獲得した雄一君でしたが、9社のうち、アメリカに支社があったのは中小企業の1社だけでした。ほかに海外支社のあるのは大手の企業1社だけで、そこの海外支店はアメリカではなく中国でした。そのため雄一君は一番の希望を叶えるために、アメリカに支店のある中規模の会社に就職を決めました。

　それから数年後、私が日本に出張した時に彼と会いました。彼は相談したいことがあるからと、出勤前に私のいるホテルにやってきました。そして朝食を取りながらこう打ち明けました。入社時は2、3年経ったらアメリカ支店に行けるという話だったけれど、その話はあいまいになってきて、どうしようか迷っていると。

　この続きを語る前に、雄一君についてひとつ紹介したいことがあります。

彼は学生の時からボクシングをやっています。バンクーバーに留学に来た時には先にアメリカに立ち寄り、そこでボクシングの試合をして2回ノックアウトされたと言っていたことを私は覚えていました。

　そんなタフな男なので、私は彼が人生に強気で攻めていくようけしかけました。

「僕がどう言うかわかるだろ？」

　君の人生で大事なことがあるなら、それを一番に大事にしろと言ったのです。

　彼はその後、社内結婚をやめ、会社も辞めました。そして次の就職探しをする前に、再び旅行でアメリカに飛んでボクシングジムへ行ったそうです。

　それから雄一君は日本に帰って就職活動をしたのですが、彼がアプローチしたのは3年前に自分が内定を断った大手企業でした。そこで自分を採用してほしいと言った結果、しっかり採用になったのです。さらに入社後も、そうした彼の姿勢が買われて社内での講演を頼まれるほどでした。普通の感覚でいけば、内定を断った会社に自分から行くという行動はあり得ないでしょう。しかし、それをやってのけた心意気があっぱれです。

　ちなみに雄一君はこの会社でアジアだけでなく、アメリカにも出張する機会を得ています。

12 念願のカナダの大学卒業を果たす
————島袋暁人君

　島袋暁人（あきと）君は沖縄の大きな専門学校の理事長の次男さんです。彼は大学2年生の時に、その専門学校の学生と高校生を十数名引率して、彼自身も英語を学ぶために1カ月の予定でバンクーバーに来ました。

　私はいつものように学生たちに言いました。

　「ここに来たからには英語の勉強だけでなく、地元のコミュニティに入って何かをやって帰りなさい」

　そして暁人君に

　「君は何ができるの？」

　と尋ねると、彼は

　「テニスができます」

　と答えましたので

　「じゃあ、カナダ人とテニスをしたらいいよ。スタンレーパークに行ったらテニスコートがあるから、そこでボールとラケットを持って壁打ちしていたら、たぶんカナダの人と会話が生まれて一緒にプレーができるようになるから」

　とアドバイスしました。

それから彼はラケットを用意して出かけたようです。しかし

「スタンレーパークに行ったんですけど、壁がなかったんです」

　と私に報告しました。2週間後に

「テニスはできたの？」

　と聞くと

「実は僕がやっていたのは軟式テニスで硬式ではないんです」

　と言いました。

　そうこうしているうちに4週間が経ちました。私は帰国前の学生
たちを集めて、どんなことをやったのかを発表してもらうことに
しました。ひとりひとりが発表していくうちに、暁人君の番が
来ました。すると彼はわんわん泣き出して

「自分は言い訳ばっかりして情けない」

　と言ったのです。その姿がとっても印象的でした。

　当時彼は日本の大学の2年生だったのですが、バンクーバーに
来たのをきっかけに、その大学をやめてバンクーバーの大学に行
きたくなりました。そのためにカナダで1年間英語を勉強して試
験を受けて、ダグラスカレッジに入学することができました。

彼に年に１、２度会っては近況を聞いていたのですが、入学後３年ほどして彼の方から連絡がありました。

「学生ビザが延長できなくて困っています」

　彼曰く「あなたの学生ビザは延長できない」と大学から連絡が来たけれど、理由がわからないとのことでした。そこで私の方から大学関係者に問い合わせたところ、暁人君はクラスの試験を受けていなくて単位が取れていない、だからビザが出せないのだとわかりました。彼に理由を聞いてみると

「悪い成績が残ると困るので、何度でも単位を取り直せると思ってそうしました」

　それを聞いて私は

「そんなことをしていたら、大学は君が真剣に勉強していると思わない。だからビザの延長も許可してくれないんだよ。大学には『もう１回だけチャンスを与えてくれ』って頼んでビザの延長許可がもらえたから、とにかくがんばってみてほしい」

　と言いました。でも暁人君の気持ちは違っていました。自分に非があると知った彼は責任を感じて、留学費用を出してくれている父親に対しても申し訳ない気持ちが募ってしまったようです。力なく言った言葉は

「だから僕は大学をやめて日本に帰ります」

でした。

「ばか言うな。もしここで帰ったらお父さんはどんな気持ちがする？　なんとかカナダの大学で卒業してもらいたいと送り出しているのに、ここで単位も取らずに帰ってしまうなんてあり得ないよ。がんばれ！」

　そんなやりとりをした約２年後、暁人君はダグラスカレッジを卒業することができたのです。彼の卒業をお母さんとお姉さんが祝福にやってきました。

　シャイで内向的な彼ですが、カレッジ卒業後、いっとき歯のホワイトニングの店でマネージャーを任されてアルバイトをしていました。

「サミーさん、来てくれたら割引できますよ」

　そう声をかけてくれたので行ってみました。「どんないきさつで仕事を任されたのかな」と思って彼に聞いてみると、店のオーナーは、彼が部屋を借りていた家の家主でした。家主は、彼がいつも食後にキッチンできっちりと食器の片付けをしている姿を見て「僕の店で働かないか」とオファーしたそうです。

実際にお店でホワイトニングを体験してみると、歯を白くするときの一連のクライアントへのトークを、彼はすべて英語で上手にこなしていました。これはすごいなと思いました。

　「1カ所だけ気になったところがあったけど、他はネイティブスピーカーの話し方に近いよ！」

　と彼に語ったことを覚えています。

　大学を卒業した後、彼はバンクーバーの一流ホテルであるフェアモントホテルで働きました。そして600人の中から選ばれた数人のひとりとしてベスト従業員賞を受賞しました。出会ってから10年ほどになりますが、大きくなった彼の姿にうれしい驚きと頼もしさを感じています。あの時流した悔し涙が今の彼を作りあげている気がします。もしあのままあきらめて帰ってしまったとしても彼としての人生はあったのでしょうが、踏ん張って踏ん張ってがんばったあかつきの姿を暁人君は見せてくれています。

13 スタバの仕事を60数件目でゲットした
————————————新井翔平君

「サミーさん、僕の母はこういう本のなかで紹介されています」

　と新井翔平君は本を差し出して見せてくれました。日本のヒーラー100人を紹介した本で、翔平君のお母さんはその中のひとりでした。そんなところから知り合っていった翔平君は、たまたま私の出身高校、出身大学の後輩にも当たりました。ワーホリでカナダに来ており、英語学校の放課後に私が開く塾にも積極的に参加してくれました。

　「スターバックスで働くこと」が彼のカナダでの目的でした。大阪のスターバックスで働いた経験があったからです。そしてこちらで積極的にスタバの仕事に応募しました。しかしどこに行っても断られたのです。彼が訪問したスタバの数は実に60店舗を超すものでした。そしてがんばり続けて「もうこれが最後の最後」と思って訪ねたスタバでようやく突破口が見えました。その店のマネージャーが日系人で翔平君にアドバイスをくれたのです。

　「君の名前はブラックリストに載っているから、このEメールアドレスで応募してもだめだよ。別のEメールアドレスを作ってそれで応募するといい」

その助言に従って、彼は別のEメールアドレスを作って応募したところ、60数件目でついに採用されました。それから彼は時々お店での仕事の様子を私に聞かせてくれました。

翔平君が働いていた日本のスタバだと、注文待ちの行列ができると、周りのスタッフがさっとメニューを持って、列にいる人たちに注文を聞いて回るのが普通でした。しかしバンクーバーのお店では、スタッフそれぞれの持ち場が決まっていて、いくら忙しくてもレジはレジの担当者しか行えない。そのため、ずらっと人が並んでしまうこともよくあって、ある時はアシスタントマネージャーの仕事ぶりがあまりにとろとろしていたため、翔平君とケンカになったと言っていました。そんな勢いのある青年でした。

彼は当時から「起業家になりたい」と言っていました。そして日本でそのための経験を積み、現在は自分で独立してビジネスをしています。

14　両親の反対を押し切って理想の道へ
──────────森 格君

　私は自分が関わる英語学校ではいつも、放課後に日本人学生を集めた塾をやっていますが、そこでの目的は「英語をマスターするための心構えやテクニック」を伝えることだけではなく、もうひとつ「英語を道具にして、いかに自分を成長させるか」、その行動の手助けをすることにあります。

　ある日も塾の学生たちに普段と同じくこう話しました。

　「週末はいつも行きつけのカフェにいるから、僕と話をしたかったらいつでも来なさい」

　するとそう言ってすぐの土曜日、朝一番に森格君がカフェにやってきました。

　「お話ししてもいいですか」

　そう言って格君は名刺を差し出しました。そこには「東京大学・森格」と書いてあり、それからこんなやりとりになりました。

　「君の名前、なんて読むんだい?」

　「『いたる』って読みます」

　「そうか。そして君、東京大学出身なんだ。すごいね」

「サミーさん、僕は東大を出たんですが、あまり勉強していないんです……」

　結構嫌味なことを言うなと思いつつも

「僕と何の話をしたいの?」

　と聞くと、

「できれば海外で２、３年、放浪の旅をしたいんです」

　と語りました。

「それはいいじゃないか。やったらどうだい?」

「でもやっぱり帰国後の就職が心配ですから……」

「天下の東大を出ていたら、２、３年経ってから帰ったって十分仕事はあると思うよ」

　そんな会話の後で格（いたる）君は、

「サミーさん、僕にも英語の名前をください!」

　と言ってきました。そこで私は

「この漢字は kaku だね。英語に Kirk っていう名前があるからそれにしたらどうだい?」

　とアドバイスしたのです。

　それから彼は３、４カ月カナダに滞在したのだと思います。結局

50

放浪はせず、日本に帰って就職した彼と、その後も連絡を取り合っていました。就職して1年経った頃、彼から「転職活動した結果、新しい会社の内定をもらいましたが、上司や両親に反対されそうですし、本当に転職して良いか迷っています。サミーさんはどう思いますか?」とFacebook上で連絡が来たことがありました。

そんな迷いも経て、彼は転職を決め、新しい仕事を始めてからの格君に私は東京出張の際に会いました。転職した会社は霞が関にある大手の会社で、案件獲得のため、彼は世界を飛び回って外国人相手に交渉をしているとのことでした。こうして新たな会社で前のめりにがんばっているとわかってうれしくなりました。

格君は、私から教わった4つのことを今でも実行していると言っていました。その4つとは

目立つこと
皆の前で宣言すること
質問すること
席は一番前に座ること

だそうです。天下の東大出身であっても自分に不安を感じることがあり、そうした学生から「サミーさんに勇気をもらった」と言ってもらえることに喜びを感じます。

15　カナダ永住への夢を 20 年かけて実現
────────花木美雪さん

　「お前はこの学校に行け」。大阪の留学フェアに親子で来ていた
美雪さんの父親はこう言って PG 校を勧めてくださり、彼女は
バンクーバーへ語学留学にやってきました。最初から彼女の中には
英語の勉強だけでなく「カナダに永住したい」という思いがあった
ようです。それで彼女は約 3 年のカナダ暮らしの後、日本に戻って
からも、毎年のようにバンクーバーを訪問して、心はバンクーバー
に残していました。そしてカナダでのワークビザ取得につながり
そうな経験を積もう、お金を貯めよう、と意識しながら日本で生活
していました。

　その準備の末、約 5 年後にワーホリでバンクーバーへ戻ってきた
のですが、残念ながらその時には永住の道が開けず、日本に帰っ
たのです。

　それからのことです。美雪さんは自分の中に「美容師になりたい」
という幼少期からの夢があったことに気づきました。そしてバン
クーバーで仲良くなった美容師の友人の勧めもあり、気がついた
時には美容師修行を始めていたといいます。修行の厳しさはある
程度覚悟していたものの、それは想像をはるかに超えて大変だった

そうです。

　お世話になった初めての職場を去る決断には長い時間がかかり、美容師の道に入って9年後、美雪さん夫婦はカナダで念願のワークビザを取って暮らし始めました。そしていよいよ永住権申請のステップを迎えようとしています。

　バンクーバー永住の夢を持ち続ける力となったのは、自由な時間が過ごせない過酷な環境で働く中で、仕事と生活のバランスを取りたいという思いだったようです。日本で結婚した旦那さんにとっても、彼の仕事はコンピューターがあればできるため、住む場所はフレキシブルに決められるのが幸いなことでした。

　読者の皆さんにとって、20年後、30年後の自分の姿は想像もつかないと思います。ただ40歳、50歳となった時に「ああ、あの時、行動しておけばよかった」と後悔が残りそうなら、すぐ行動することです。実現したいことの中には半年や1年単位で叶えられないことも多々あります。ですから、今現在の年齢にかかわらず、やりたいと思ったことは即行動に移すに限ります。美雪さんは、20年近くかけてやりたいことを叶えたロールモデルとして、ぜひ紹介したいと思いました。決して夢をあきらめなかった彼女の辛抱強さを称えたいと思います。

16　　国家公務員からの転身
————城戸英貴君

　東京の大学を卒業後、国家公務員として国税局に勤務していた城戸英貴君がPG校に入学したのは27歳の時です。彼が職場で「留学のために仕事を辞める」と思いを伝えた時、先輩や上司からこう言われたそうです。

「なぜキャリアを捨てていくんだ」
「その後の仕事で給料が落ちるなら行くな。今よりいい条件で働けるような状況を作れるなら行け！」

　英貴君はカナダに来てPG校のトロント校に9カ月通い、その後3カ月間のインターンの経験を経て帰国しました。そして大手商社に就職を果たしました。国税局での経験から数字に強いという長所を生かして活躍し、入社6年目にはロシアに赴任し、現在は東京の本社勤めという出世街道を歩んでいます。

　もし自分の進路に対して周囲から釘を刺すようなことを言われたとき、「そうだよな」と思って希望の道をあきらめてしまう人もいるでしょう。でも反対に英貴君は「それならば！」と奮起して自分の思い通りの道をがんばって突き進みました。国家公務員として安泰な生活を送り続けることもできたのに、あえてリスクを冒して行動した、その勇気が素晴らしいものです。

17　　自転車でカナダ横断を果たす
────────老沼裕也君

　バンクーバーの日本語フリーペーパー Oops を手に取った瞬間、表紙の写真に「おっ！」と目が止まりました。自転車と一緒にニコニコ笑顔で写っている学生は、紛れもなく私の英語学校にいた老沼裕也君でした。彼は初級クラスに入ったものの、授業がつまらなくて学校をやめてしまった学生でしたが、雑誌の中には裕也君のインタビューが載っていて、「これから自転車でトロントに行きます」と語っていました。「自転車でカナダを横断する」、紙面でそう宣言してしまうと、途中でのこのこ引き返してくるわけにはいきません。そんな自分へのプレッシャーをかけて、彼は本当にバンクーバーからトロントまで 47 日間でカナダ横断を果たしました。

　野宿しながらの旅では、シャワーを浴びるところを見つけるのも大変です。ですが、行く先々で見ず知らずの人が自宅のシャワーを使わせてくれたり、ご飯をごちそうしてくれたり、泊まらせてくれたりしたそうです。そんな旅を経験して「人のありがたみがよくわかった」と語っていました。しかも帰ってきた裕也君は英語がペラペラになっていました。

そして英語が自由に操れるようになっただけではなく、カナダを横断できたという彼の達成感と自信がその後の彼の人生を大きく変えました。帰国後はカナダ横断のときの写真と日記を元に『The Journey of Canada (カナダ旅行記)』という冊子を作りました。

こうして裕也君が自転車で果たしたカナダ横断を、7年後に別の教え子である志堅原功大君が果たします。功大君の旅行の準備の時に、裕也君はよきアドバイザーとなりました。

裕也君はその後、日本に帰って30歳で起業しています。農業に興味を持った彼は日本の農業と地域の活性化を目指した事業を起こしました。カナダで培ったやり遂げる自信や、出会う人への感謝の思いは、生産者の人たちに寄り添っていい関係を築き、事業を進めることにきっと活かされていることでしょう。

18　機転を利かせた振る舞いに感動
────────田村杏奴さん

　田村杏奴（あんぬ）さんを語る時に、ある事件とも言えることを紹介せずにはいられません。彼女はPG校のオーストラリア・ブリスベン校で授業を受けながら、同校でインターンシップをしていた学生でした。その後、彼女を学校のスタッフとして採用しました。理由は彼女がとてもハキハキしていて大きな声だったからです。学生の指導にはそうした人がもってこいなのです。

　ブリスベン校に行く度に、私は学生向けのワークショップをしていました。田村さんはいつも学生を集めて、私が話す様子をずっと見守ってくれていました。そうしたことを何年か続けた後の事件でした。

　日本の留学エージェントが開催する留学フェアで、私はずっとセミナーの講師を任されていて、かれこれ20年になります。話すことはいつものように「英語はスポーツだ！　英語は座学じゃない。前に出て話していかないとだめだ！」という内容で、人からは“サミー節”と呼ばれています。

　この時は1日目が大阪、2日目が東京ということで、大阪でのセミナーは大変盛り上がり、翌日の東京の会場にも余裕を持って

出番の30分前に行くようにしました。ところが会場に着くと、何か様子が違っていたのです。そして会場の人から

「もうセミナーは始まっています」

　と言われて驚きました。私は東京のセミナーも大阪と同じく1時半から始まると思っていたのですが、東京は1時間早い12時半開始だったのです。

「サミーさん、今日はもう結構です」

　そう言われて「これはまずい！！」と思っていたら

「田村さんにお願いしました」

　と続けられました。この田村さんというのが、冒頭に紹介した田村杏奴さんのことです。この時私はPG校を売った後だったので、田村さんはもはや自分の部下ではなく、私は別の学校の者としてこの留学フェアに来ていました。セミナーの部屋をのぞいてみると、すでに田村さんは私の代わりに20分ほどセミナーを進めていました。これは自分の出る幕はないと思い、いったん会場を出ました。ですが、今後のことを考えて自分が全然姿を見せない訳にもいかないと思い直して、会場に戻りセミナーの部屋に入っていきました。すると田村さんが

「皆さん、お待たせしました！　私の師匠を紹介します」

　と言って私を紹介してくれたのです。

いつもなら1時間かけて話すことを30分で話したものの、会場の人たちは十分にウォーミングアップされていたので、セミナーは大成功に終わりました。参加者の皆さんからのアンケートを見ると「サミーさんのセミナーもよかったけれど、前半をやってくれた田村さんの話もとってもよかった。最高です！」と書かれていたのです。

　会場で私が田村さんに

「田村さん、本当にありがとう。あなたがいてくれなかったら大変なことになっていました」

　と言うと彼女は

「私はいつもサミーさんのセミナーを見ていたので、最初から最後まですべて台本もなくできたんです。私は"サミーイズム"をわかってますから」

　と語ってくれました。その後もしばしば留学フェアで顔を合わせては、あの日のことを互いに振り返っています。

19　学校への苦情の奥にあった熱い思い
────────────ツーリングのタカ

　毎月私が校長をしていた PG 校では、学生たちに授業を評価するアンケートを書いてもらっていたのですが、そのアンケートに、いわゆる使うことがタブーとされる F ワードで「Fucking PG！」（PG なんてくそくらえ！）と書き込んでいる学生がいました。それを見た主任教師が「なんてことなの！！」と大憤慨です。

　その言葉を書いたのが、本名はわかりませんが、「ツーリングのタカ」と事務スタッフで噂になっていた学生でした。日本からツーリングの自転車を持参していた彼はスキンヘッドでイヤリングをしていて、大変いかつく、目立つ存在でした。その彼のアンケートが私のところに回ってきたので、私はスタッフの美奈子さんに頼みました。

　「美奈子さん、悪いけど、タカを呼んで、どうしてこんなことを書いたのか日本語で話して聞いてくれますか？」

　その後、美奈子さんが報告してくれたのは

　「彼は英語しか話さず、日本語は一言もしゃべってくれませんでした。校長に会いたいと言っています」

でした。それでちょっとビビりました。なにせタカの外見は怖そうですから。しかしともかく彼と面会したのです。

　彼は最初からずーっと英語でしゃべりまくってきましたが、私が途中で、

　"May I speak Japanese?"（日本語を使ってもいいですか？）

と言うと、彼は変な顔をしてこんなやりとりになりました。

「えっ？日本語できるのですか？」

「日本人です」

「まさか？」

「タカさん、アンケートに『Fucking PGIC』なんて書いていたらしいけど、なんでそんなことを書いたんですか？」

「とにかく fucking ですよ！この学校はけしからん！」

　聞くと、彼はこちらに来てから、ツアー用の自転車を買って、毎週末カナダ人たちとツーリングに行っている。でもクラスメートの誰それは、学校から宿題がたくさん出るので、週末も家に閉じこもって英語の宿題をやらないといけない。それがひどいことだと彼は思っていたのでした。

「それなら、そのクラスメートに『宿題はやらなくていい』って言ってください」

「えっ？ 校長がそんなこと言っていいんですか？」

「週末に日本語ばっかりしゃべっているような人は、その時間がもったいないから英語が話せるように宿題をやったほうがいい。でも外に出て、どんどん英語を使っている人に宿題は二の次です。目的は英語を上達させることで、宿題をすることじゃないですから。どんどんあなたみたいにツーリングしたらいい」

するとタカは

「わかりました！」

と言い、クラスメートにそのことを話したところ、そのクラスメートもバイクを買って一緒にツーリングを始めたのです。

タカはその後クラスメートと結婚することになり、バンクーバーでの結婚式には、かつて怒っていた主任教師も招かれて出席するという展開になりました。私はつねづね学生たちに人前で目立つ存在になれと言っていますが、タカは存在も発言も堂々としていました。これも留学を成功させるひとつの要素なのだと思います。

20 ゴミ拾いでバンクーバー市から表彰される
―――――――――中尾よしたか君

「現地の人と友だちになるためにはどうしたらいいですか？」

　PG 校で放課後の塾に参加していた中尾よしたか君の質問に、私は手っ取り早い方法を紹介しようと思い、

「教会に行ったらいいよ」

　とアドバイスしました。彼はそれから教会に通い始め、クリスチャンになりました。ですが、教会通いの初めの動機が英語の上達だったことを気にしていたようです。

「皆さんが優しくしてくれてありがたいんですけど、自分が偽善者のようで気がひけます」

　と心情を打ち明けてくれたことを覚えています。

　日本での大学時代、アルバイトでテニスのインストラクターをしていたよしたか君は、テニスでも現地の人と交わっていました。塾の初めに私が

「日本人とつるまず、何をするにもカナダ人とやれ！」

　と言ったことを受け止めて、彼は

「カナダ人としかテニスをしていません」

　と語っていました。そしてある時、彼が

「ボランティアに興味があります」

　と言うので、どんな分野のことに関心があるかを聞いてみると

「環境問題です」

　と答えが返ってきて、こんなやりとりになりました。

「結構街中にゴミが落ちているから、単純な発想だけどバンクーバーで清掃でもしたらどうだい？」

「じゃあ、仲間たちに声をかけてみんなでやろうと思います」

「でも目的は英語が話せるようになることだから、まずはひとりでゴミを拾いながら地元の人と会話していったらどうかな。そのために自己紹介の名刺を作ったらいいよ」

　そして彼にも英語の名前を付けることを勧めました。

「よしたかだったら、こちらではYoshiってよく名乗っているけど、それじゃ能がない。大阪ではよく『よっしゃー！』って言うよね。英語でJoshuaって名前があるから、それにしたらいいよ」（Joshuaは略してJoshジョッシュと呼ばれています）。

よしたか君はそのアドバイス通り、Josh と書いた名刺を作りました。そして毎週金曜日の放課後にゴミ袋とトングを持って、学校前のロブソン通りのゴミ拾いを始めたのです。

　その彼のいでたちがすごいもので、ゴミを拾うために手を上げると、左腕からはカナダの国旗が広がって、右腕からは日本の国旗が広がるのです。否が応でも目立つその姿で、彼は半年くらい地道にゴミ拾いを続けました。

　これは 2010 年バンクーバーの冬季オリンピックの前の年のことだったのですが、彼がゴミを拾っているとバンクーバーの市役所の人から声を掛けられました。

「あなたは何をしてるの？」

「毎週ロブソン通りのゴミ拾いをしています」

　すると大変感心な行為だと評価され、市から彼に T シャツとゴミ袋とトングがプレゼントされました。

　私は当初ゴミ拾いをひとりで始めることを促しましたが、それは彼が街中で英語で会話をする度胸を付けてもらうためでした。数を重ね、彼の度胸のついたところで、仲間も加わって活動するように勧めました。そしてよしたか君は 10 人のグループでゴミ拾いをするので１０人分の道具を市役所からもらってきました。

その後、思いがけないことにバンクーバー市役所から粋な計らいがありました。ゴミ拾いの活動を表彰する記念パーティーを彼の誕生日である5月26日に市役所で開いてくれたのです。彼以外の人たちも表彰されたのですが、トロフィーをもらったのは彼ひとりでした。

　よしたか君と言えば、ゆっくり自分を見つめるため、スピリチュアルな人たちに人気の高いソルトスプリング島へ籠（こも）りに行ったことも思い出されます。彼の初対面の印象は決してたくましいイメージではありませんでしたが、帰国前には、きりっとした精悍（せいかん）な青年になっていました。

　そんな彼は日本に帰国後、4月の就職までの間、「日本維新の会」の議員のかばん持ちを務めました。当時は会のリーダーの橋本徹氏が大阪市長をしていました。そしてよしたか君は造船関係の商社に就職しました。わずか1年の滞在でしたが、よしたか君にとってカナダでの体験はその後の彼の生き方に大きな自信と影響力を与えたことでしょう。

21 BMXでカナダの仲間を作った行動の男
────────宮城 翔君

　ジャンプしたり細い棒の上に乗ったりと、曲芸的な乗りこなしが魅了のBMX。それが宮城翔君の趣味でした。沖縄の大学の2年生の時、バンクーバーに来たウチナーンチュ（沖縄出身）の彼は私にBMXをやっているカナダ人を知っているかと聞いてきました。私にはまったくその知識がなかったのですが、彼はサイクリストやランナーがたくさん行き交うイングリッシュベイに行きました。そして茶色の段ボール紙に大きく「I'm looking for BMX riders.（BMXライダー探しています）」と英語で書いたものを見せながら、2、3時間歩いたそうです。そしてしっかりとBMXの仲間を見つけました。

　それから翔君は2000ドルもの大枚をはたいて自分用のBMXのバイク（自転車）を買い、カナダ人の仲間たちと一緒に競技に出場したのです。英語の勉強の傍ら、こうしたアクティビティを充実させて半年間を過ごした後、彼は一度帰国したのですが、その1年後、翔君は再びワーキングホリデービザでバンクーバーに来てくれました。

　「戻ってきましたー！」

元気な姿を見せてくれた翔君は、しっかりと自転車を持ってきていました。ですが、そんな彼が私との再会の談笑の中で、こう言ってきたのは意外でした。

　「日本に帰ったら就活なので、サミーさん、ここで僕に日本のビジネス関係の人を紹介してください」

　そのお願いに私はこう返しました。

　「なんでそんなことを言うんだ。英語を勉強しにきたんだったら、どうして日本人と交わるんだ。せっかく自転車があるんだから、自転車を使った仕事でもしたらいいじゃないか」

　すると彼は私のアドバイスを受け入れて、スタンレーパーク至近の一番大きなレンタサイクルのお店に行って仕事をゲットしました。私はそのお店の前を車で通ると接客する彼の姿が見えるので、いつもまぶしく思っていました。

　そして11カ月間ずっとその仕事を続けた彼は、帰国間近にはお客さんから "Are you from here?"「ここで生まれ育った人？」と言われるまでになっていました。それくらい英語がうまくなっていたのです。

　そんな翔君の出身地・沖縄に私が所用で訪れた時のことです。彼に何も連絡なしに行ったのですが、私が那覇市街の目抜き通り

である国際通りを歩いていたら、彼にばったり再会しました。あるビルの前に翔君が立っていたので、何をしてるのかと聞いたら、そのビルに入っている会社の就職面接にやってきたとのことでした。

「サミーさん、俺ラッキー！サミーさんに会えたから俺、絶対通る気がする」

と言って彼は明るい笑顔でビルに入っていきました。

そんなポジティブな翔君ですが、数年後、年賀状が届きました。そこには沖縄の民族衣装を着た翔君と奥さんの写真があり、「ちゃんと結婚できました」という印刷の文字、そして手書きで「サミーさんのおかげで人生が変わりました」と書き添えられていました。

奥さんはボリビア出身の沖縄３世で、父方、母方の両家ともがウチナーンチュだといいます。母国語はスペイン語ですが、日本語も話せる女性です。翔君が彼女と知り合ったのは世界から*県系人が沖縄に集まる世界のウチナーンチュ大会の場だったと言います。彼はその大会運営の幹部としてイベントをオーガナイズしていたのでした。（*沖縄県系人とは、沖縄出身、あるいは沖縄にルーツを持つ人のこと）。

こんな積極的な翔君に頼んで、カナダで英語を学ぶ学生のために動画メッセージを送ってもらったことがあります。その中で彼はこう語っていました。

　「限られた時間、限られたお金を使って今、皆さんはカナダにいます。そして皆さんには送り出してくれた家族や友人の応援があったことでしょう。だからとにかく一にも二にも行動です！いくら考えても行動しなかったらだめです。迷ったら行動！迷ったら行動！です。行動して行動して、その結果、うまくいかないこともあるだろうけど、そうしたときは必ずポジティブな意味づけをしてください」

　こう語る彼を頼もしく思いながら、翔君に続く学生が現れることを期待しています。

22 自分の理想を求めて
ついにカナダ永住権を取得する
————中條和可奈さん

　中條和可奈さんは日本の航空会社でカスタマーサービスの
スーパーバイザーを務めていましたが、5年以上働いた社員に
与えられる休職制度を使って1年間、カナダに語学留学しました。

　その後、日本で職場復帰したのですが、なりたい自分を求めて、
バンクーバーを再び訪れました。彼女は留学エージェントの紹介
で私のセミナーに出てくれました。私にはその時の和可奈さんの
記憶はないのですが、和可菜さんは覚えていてくれたようです。

　それから彼女は一旦、日本に戻りましたが、今度はきっぱりと
会社を辞めてワーホリで再びカナダに来ました。その頃、私はS校
の校長をしていました。ある日、オフィスでスタッフ会議をして
いる最中に、

　「和可菜さんという方がサミー校長を訪ねていらっしゃっていま
す」

　と声をかけられて、ミーティングを中座して出ていくと

　「セミナーでお目にかかった中條和可奈です」

　と話し出しました。

「私はPG校の卒業生です。カナダに再びやってきて3、4カ月経つのですが、なかなか自分のやりたいことが見つからなくて相談に来ました」

そのような思いを聞いたものの、その時にS校ではスタッフの空きがなく、彼女を採用することはままなりませんでした。しかし人柄もよく、力のある女性だと思いましたので、何か手を打とうと考えました。そこで日本カナダ商工会議所でつながりのあったK会長に連絡して、和可菜さんに会ってもらうようお願いし、和可菜さんからK会長の元に出向いてもらいました。するとK会長はその場で採用を決めてくれたのです。しかしながらK会長から私に「和可菜さんにどういう仕事を任せたらよいのかわからない」とメッセージがありましたので、ふた月ほどして私の学校でスタッフの空きが出た時に、彼女にはK会長の会社からS校に移ってもらいました。

そうしてしばらくS校で働いてもらったのですが、カナダで永住権を取りたくなった和可菜さんは、S校の専門学校に行きながらパートタイムでS校の仕事をしました。その後専門学校を出た人に与えられるコープビザを使い、バンクーバー市内のホテルで働きながら、S校から永住権を申請し、無事永住権を取得することができました。この永住権の取得には当時のS校のオーナーの計らいもかかわっています。

そしてこの件で今でもよく覚えているのは移民局のオフィサーのことです。会社が永住権申請をスポンサーすると、移民局から会社に電話がかかってくるのですが、ある日、会社の留守電に和可奈さんの永住権審査のことで移民局から「折り返し電話を」とメッセージが入っていました。移民局にはとても気難しいオフィサーもいる中、その声は優しくて穏やかでしたので、「これはいける！」と確信しました。実際その担当オフィサーに電話をしたところ、思った通り、好意的な姿勢の人物で「次週には合格通知書を送る」と言われたのです。

　和可奈さんのようにまっすぐ積極的に思いを行動に移した人たちには、こうした支援が周りから集まってくるのですね。

23　日本人がまったくいない田舎町の　　ホテル勤務で英語力が飛躍的に向上
────────清水匠君

　私は校長を務めていた英語学校に入校して来る学生に必ず、「君は何が好きなの?」と尋ねています。それは得意なことを通して英語という言語を実践で使ってほしいという願いがあるからです。

　そして入校して2日目の清水匠君に「君は何が得意なの?」と聞くと、彼は

「高校まで野球をしてました」

　と答えました。これは、と私は身を乗り出しました。前述の佐々木健志君と同様に、バンクーバーの少年野球チームのアシスタントに駆り出そうと思ったのです。

　「それなら土曜日にチームの練習があるから来ないかい?」

　コーチの許可も取らず、私の息子のいる野球チームに匠君を誘いました。すると早速彼は素直にチームのグラウンドに来てくれました。私がコーチに彼を紹介すると、コーチは彼の頭にチームの野球帽をかぶらせながら、

　「毎回練習に来てほしい!」

と言い、彼はその言葉をしっかりと受け止めたようです。コーチの言いつけ通り、週３、４日の練習すべてにやってきて、子どもたちを指導してくれました。しかも郊外での遠征試合も含め、全試合に付いてきてくれたのです。

ベースボールを小さな頃からやっていた私の次男、コーディは、彼の指導のおかげで２つの成果がありました。

投げる方では、彼が教えたカーブのおかげで面白いように三振が取れるようになって一躍エースになりました。一般にカナダの子どもたちはライナーはうまく取れても、ゴロを取るのが下手な傾向があります。そこで打つ方では、そうした弱点を踏まえて匠君が試合の時、コーディに「ゴロで行け！ゴロで行け！」とアドバイスしたところ、どんどん打率が上がりました。匠君はそんな劇的な変化をもたらすヒーローになったのです。

後日匠君に聞いて知ったことなのですが、彼はカナダ滞在中にひとつのポリシーを決めていました。誰かに "Can you do it?（君これできるか？）" と聞かれたら、絶対 "No." と言わない。"I don't know." や "Maybe." と曖昧（あいまい）なことも言わず、必ず "Sure." と答える。そう心に決めていたそうです。

こんな彼の心意気がしっかり現れた出来事がありました。ちょっとクレイジーな話なのですが、それは匠君の誕生日を祝おうとチームのコーチの奥さんが食事と遊びに誘ってくれた時のことです。コーチの奥さんは匠君をレストランに招待し、さらにホースシューベイという港へ連れていき、モーターボートをレンタルして乗せてくれました。ボートに乗り込んだのは、コーチの奥さんと息子のショー君、私と息子のコーディ、そして匠君でした。ちなみにその奥さんというのが、ブラジル出身でいわゆるラテン系のノリで、なんとも豪快な人物なのです。

「沖に出るわよー！」

奥さんの大きな掛け声とともに、ボートはブワーーーっと轟音（ごうおん）を立てながら進みだしました。

ボートが沖へ沖へと進む間、少年のショー君は両手を広げて全身で吹き付ける風を浴びながら立っていました。小1時間進んで、すっかり沖へと出て行ったところで、奥さんが突然ボートのエンジンを止めさせました。これはいったい何が始まるんだと思ったところで奥さんがこう叫びました。

「ショー！コーディ！ジャーンプ！（飛び込め！）」

すると子どもたちは水着も何も着ていないのに、面白がってふたりとも海に飛び込みました。周りは何もない、水深何十メートルかも

わからない深い海に、です。奥さんは続けました。

「タクミ！ジャーンプ！」

　どうするかと思ったら、匠君もやはり服を着たままで海に飛び込んだのです。180センチもある彼の大きな体がドボンと海に入る様子は迫力がありました。

　その後、みんなが海から無事上がってきましたが、聞いてみると、なんと匠君は泳げない人だったのです。それでも「ノーと言わないことに決めている」、その自分のポリシーに従って、海に飛び込んだのでした。浮き輪もなく、深い海に。

　ところで彼がバンクーバーに来た時に掲げたTOEICの目標は870点でした。とにかく英語力を伸ばしたいと、バンクーバーでの勉強は3カ月にして、その後は学校の就労プログラムでホテルに勤める予定にしていました。ですが、野球チームから「もう少しいてくれ」と懇願されて、バンクーバー滞在をひと月延ばして4カ月にして、その後バラモントというアルバータ州とブリティッシュコロンビア州の州境にある日本人のいない小さな町のホテルに勤めました。そこで3カ月働いて、次にはアルバータ州エドモントンのマリオットホテルで働きました。バンクーバーにいた時も、毎日のように私の家にやってきては英語で会話をして

いました。

　その甲斐あって、帰る時の TOEIC の点数は 885 点。見事目標クリアです。「目標をもっと高くしていたら、900 点もいけたんじゃないか」と笑って語り合いました。

　意志を強く持ってやり遂げた彼が日本に帰る時、私はバンクーバーの空港に送っていったのですが、空港の職員に彼はカナダ人だと思われていました。それほど英語が上達していたのです。彼はそれを本当に喜んでいたことでしょう。

24　　人が恥ずかしがることにも
　　　　　果敢にチャレンジする勇気
　　　　　　　　　　　　————木村俊平君

　もうひとり、東大生で印象深い学生がいます。木村俊平君は
「カナダに半年滞在して実践的な英語を身につけるとともにイン
ターンシップを経験したい」と希望する東大の大学院生でした。
東大、しかも大学院生ということで私は迷ったのですが、自分の
英語学校でインターンとして受け入れることを決めました。そんな
頭の良い大学院生が私の職場に入ってきて、たいしたレベルの仕事
じゃないと思われたくないので、彼にどう満足してもらえるかを
事前に一所懸命に考えていました。

　やがてバンクーバーにやってきた俊平君と会ってみると、とて
もきさくで笑顔の素敵な学生とわかりました。彼は前年に交通事
故を起こしたために学生生活を1年棒に振ってしまったそうです。
そんな俊平君に、私はいつものように「カナダで人生を変えてみ
ないか」と話をしました。

　「典型的な日本人はシャイでおとなしくて控えめだけど、これで
は英語はうまくならないよね。もし世界に出ていくスポーツ選手が

シャイで控えめだったら勝負に勝てないように、英語はスポーツだから、前にどんどん出ていくしかない！　どんどん自己主張して目立っていけ！」

　こう発破をかけたのです。そして実際に先輩たちはどうやって目立つ行動をしたのか。その紹介のためにカナダ自転車横断旅行や「No Pants Ride Day（No Pants Skytrain Ride）」の話をしていきました。「ノー・パンツ・ライド・デー」は上半身は普通の格好だけれど、下半身は下着だけでスカイトレインに乗り込む。パンツ（ズボン）を履かずに乗車するというイベントです。冬の時期、有志が「何月何日に実施する」と呼びかけて個人が自発的にするもので、今では世界50の都市で実施されているようです。俊平君はこの話をニヤニヤしながら聞いていました。そして後日、

「サミーさん、やってきました！」

　と報告があったのです。彼は実際にそれをやらかして帰ってきました。私はいつも学生たちに「何かやるときは、ちゃんと証拠写真を撮ってこい」と言っているのですが、彼はしっかりと写真を撮ってきていました。スカイトレインの中でカナダ人も俊平君も、下半身は下着だけ。太ももからスネからバッチリ写っています。ニヤニヤしている俊平君が写っているその写真を、彼は日本に帰ってからしっかり就活のアピールに活用しました。

メールで彼に

「就職決まったの？」

　と聞くと

「ミキタニ君のところに決まりました」

　と言うので、

「ミキタニ君って？　あの楽天の三木谷社長？」

　と言ったら

「そうです」

　と答えが返ってきました。

　振り返ると彼は、バンクーバーでは「ノー・パンツ・ライド・デー」の経験だけでなく「必ず毎日違う人に声をかけて友達になる」ということも実行していました。彼自身の雰囲気も決してインテリっぽくなく、どちらかと言えばコメディアンのようで、行動力のある好青年として記憶に温かく残る学生でした。

25 積極的な自己アピールでカナダ永住の道へ
───────森浩輝君

　私がPG校を離れた直後は、2年ほど学校から離れて社会人浪人をして過ごしていました。学校を売却すると2年間は他の学校を作ってはならない、同業者で働いてはいけないという契約があったからです。また体の静養も必要だったからでした。

　そんな中、あるエージェントさんから「毎月1度セミナーをしてください」と依頼があり、6、70人の学生たちを前にして開いたそのセミナーの場で出会いがありました。私はそこで例によって"サミー節"を語っていました。

　「英語は道具に過ぎないから自分を変えようと思ったら、日本人らしくおとなしくしていちゃだめだ！自分から堂々と振る舞え！たぶん皆さんは今後の毎月のセミナーの中で私のことを覚えるだろうけど、私からすると君たちは大勢だから覚えていられない。覚えてもらうには自己アピールしないとだめだよ」

　そう話していた翌日、学生のひとりから連絡がきました。

　「昨日のセミナーで、帽子を被って前の方に座っていたシンガーの森浩輝です」

　確かにその帽子の姿は覚えていました。彼は

「サミーさんに会ってもっとお話をしたいです」

　と伝えてきたので、後日会ってこんな話をしました。

「浩輝君はシンガーって言うけど、どんな歌を歌うの？」

「スティービー・ワンダーって知っていますか？」

「知ってる知ってる。意外と古いの歌うんだね。どんな曲を歌うの？」

「Lately や Superstition なんかを」

「おお、いいね！　僕、ギター弾けるよ。どう一緒に練習しないか？」

　そして浩輝君はギターの弾ける学生にも声をかけ、我が家に３人で集まりました。浩輝君は驚くほど歌が上手でしたので、

「来月のセミナーの時、セミナーの出だしか最後に演奏してみないか？」

　と誘うと

「いいですね」

　と応じました。そして３人でスティービー・ワンダーの曲を練習したのです。そして翌月のセミナーの日が来て、私は皆に言いました。

「先月ここで『自己アピールをしろ！』と言ったところ、森浩輝君が自己紹介してきて、歌が歌えるということだったので、バンドを組んで演奏することにしました」

　そう言って3人で学生たちを前に演奏を披露したところ、反応は上々でした。それに勢いづいて「クリスマスコンサートをしよう！」と話が進み、私たち3人に2人の出演者も加わってバンクーバーのカフェで12、3曲のコンサートを行ったのです。

　そうして私が社会人浪人として2年過ごした後、S校という英語学校で校長を引き受けました。この学校で日本人スタッフが必要だと思い、浩輝君に「働いてみないか？」と声をかけました。

　まず彼の働けるビザを取得するために、彼を車に乗せてアメリカの国境を越えて、ワーキングホリデービザを発行させて戻ってきました。そして彼はS校で働くうちに、カナダの永住権を取りたいと思い始めました。働いていたS校には専門学校があり、そこで学ぶと半年間働けるコープビザが出るため、そちらに進み、その後、カナダ大手の銀行で職を得ました。

　いっとき目に余るほど横柄と思える態度が見られて私が厳しく

接したため、距離が離れたこともあったのですが、彼は私の真意を理解してくれて、再び元の関係を取り戻すことができました。そして浩輝君は結婚して子どもができた今も、時々学校に来て、学生のために英語が身につくための体験談をシェアしてくれています。またいつか私のギター演奏で彼の美声を聞かせてほしいなと思っています。

26 田舎町のレストランで
カナダ人と働き、自信をつける
────────椎名麻貴さん

　私は年に2度出張して日本の留学フェアに参加しています。そのフェアで椎名麻貴さんに出会いました。麻貴さんは私の話を聞き「ワーホリでサミーさんの学校に行きたい」と気持ちを固めて2017年にカナダにやってきました。

　ワーキングホリデーの人たちの多くは、カナダに来ても日本人経営の日本食の店で働くという、日本とさほど変わらない環境で過ごしがちです。けれど私の勤めていた英語学校では、日本人従業員のほとんどいないカナディアンロッキーのホテルで働ける機会を提供していました。冗談で「島流し」と呼んでいます。
　とにかくそこでは下手でもなんでも英語を使ってやっていかざるを得ないので、カナディアンと渡りあっていく自信もつくし、英語力もつきます。それに田舎でお金を使うところもないので「お金も貯まるよ」と学生に話しています。

　麻貴さんは、私が校長を務める英語学校での研修後、北米屈指のスキーリゾート、ウィスラーのホテル勤めを経て、その後、ウィスラー近くの町・スコーミッシュのレストランで働き始めました。

麻貴さんの担当はサラダの盛り付けでした。そして彼女はひとつひとつ丁寧に心を込めてサラダを作っていました。するとある日、サーバー（給仕）の人が麻貴さんを呼んでこう言いました。

「今、お客さんがね、『これ、僕のサラダを作ってくれた人に渡して』と言ってチップをくれたんだよ」

　それで麻貴さんはお客さんのところに行って、お礼を言ったそうです。カナダの人たちはこうやって気持ちを言葉にして伝えてくれるのです。麻貴さんにとってその言葉は大きな励みになりました。

　小さな町なので、来店するお客さんには常連客が多かったようですが、「ああ、常連客がいるな」と思うだけでなく、なにかそのための行動をしなきゃいけない。麻貴さんは、仕事で自分をしっかりアピールしながら行動していました。

　ある休日に町を歩いていると常連客の男性が歩いているのを見つけました。以前なら「私、この人、知っている」と心の中で言って終わるのですが、麻貴さんはすかさず、その男性に声をかけ、"Excuse me. I know you." 「すみません。私、あなたを知っています」と言ったそうです。その人が麻貴さんのフィアンセだそうです。

そしてワーホリ期間が終わってもカナダで働き続けられる就労ビザを出してもらう手続きのため、麻貴さんは日本へ一時帰国しました。その帰国直前、バンクーバーの私のところに来て、こう言ってくれたのです。

　「サミーさんに日本で会って、こうやってカナダに来てサミー流の留学ができました。それを報告したくて会いにきました」

　また、麻貴さんは、モーターサイクル（バイク）を買って、地元のグループに入って一緒にツーリングを楽しんだそうです。こうしてオンでもオフでも彼女のアクティブな姿勢が貫かれていることに感心しています。

27 強いパッションでスタバの仕事を
得た上に、バリスタの賞をゲット
──────久保葵さん

「サミーさんの息子さんを知っていますよ」と言った久保葵さんは、大分県別府市にある、すべての授業を英語で行う大学の学生でした。長男の学んでいた大学ですから、あり得ない話ではないものの、世間は狭いものだと思いました。

ワーキングホリデービザでカナダにやってきた葵さんは「日本のスタバで仕事をしていたから、カナダでも」と、スタバの仕事の面接を受けましたが採用されず、やむを得ず、別のカフェで働き出しました。そこは葵さんが通っていた英語学校（私が校長を務めていた学校）が学生の職業体験の場として提携していたお店です。

その店で順調に仕事の経験が積めるとよかったのですが、そうはいかず、葵さんは困り果てて私のところに相談にきました。彼女が泣きながら私たちに語ったことは、職場のいじめでした。カフェで先に働いていた日本人スタッフが、自分のポジションを奪われるのではないかと恐れて、葵さんにいじわるな態度を取っていたようです。結局、その不快な環境のために、葵さんは仕事

を辞めました。そして一度は断られたスタバに、もう一度チャレンジしようと考え始めました。葵さんは英語の能力も仕事の姿勢もいい方でしたから、スタバの職を得るために私はこう提案しました。

「最初の２週間タダ働きする条件で採用してもらってはどうか？」

その助言を聞いた葵さんは、タダ働きすることを覚悟で面接に臨んで、無事採用され、さらに彼女の努力が実って、店でバリスタ賞をゲットしました。

葵さんのように「こうしたい！」という「パッション、情熱」と「コミットメント」、言い換えれば「覚悟」があれば、時間がかかってもうまくいくと思います。また彼女は大事な人との出会いもあり、日本帰国後も長距離恋愛が続いていたようです。積極的な姿勢からいろんな面で展開が生まれたカナダ滞在になったのでした。葵さんの体験からは逆境に置かれても決してあきらめてはいけないことが学べます。

28 自転車カナダ横断で自分の限界にチャレンジ
————————志堅原功大君

　志堅原功大（しけんばるこうだい）君とは、カナダ大使館の留学フェアで出会いました。彼はブースに座っていた私を、右斜め前の方からじっと見ていたので

「留学を考えているんですか？　どうぞこちらに座ってください」

　と声をかけて、どんな留学を考えているのかを聞きました。

「１年くらいワーキングホリデーで行ってみたいです」

　と答えたので

「人生を変える気があるかい？」

　と聞くと、

「ぜひ人生変えてみたいです」

　と大変意欲的な答えが返ってきました。

　その後、実際にバンクーバーにやってきて早々、功大君は「人生を変える計画を立てたいので相談に乗ってください」と連絡をよこしてきました。それでまず彼には、これまでたくさんの学生を送りこんだカフェへボランティアに行ってもらいました。

カナダに来てわずか1、2週間目のことです。以来、私がそのカフェに顔を出すと彼は

「サミーさん、あの例の人生を変える話をしてもいいですか？」

と私に話しかけてくれました。「カナダで何をしたいか」という会話の中で、私は老沼裕也君（p.55）という学生が47日間かけて自転車でカナダ横断したことを紹介しました。すると、

「それに興味があります」

と功大君は身を乗り出してきましたので

「彼とつながる？」

と聞いて、フェイスブックでふたりをつなげました。それからふたりがどれほど話をしたかはわからないのですが、功大君は自転車を買い、トロントに行く前にいろいろ準備をしたようです。そしてカナダ横断出発の1週間前、足慣らしのために彼はウィスラーまで行くことにしました。ところが帰ってきてからの報告では

「ウィスラーまで行けませんでした。スコーミッシュまで行って帰ってきました」

ということだったので、私はこう言いました。

「功大君、トロントまで行かなくてもいいよ。普段 TOEIC200 点

の人がいきなり900点を取ろうとするのが無理なように、そんな大きな目標にしなくてもいいんだ。例えばウィスラーまで行ってくるとか、バンクーバー島を一周してくるとか、そんな形でもいいんじゃないかな。僕にいい顔をする必要はまったくないからね」

　彼は私の話を静かに聞いていました。それでも彼は意志を曲げることなく、カナダ東部の都市トロントを目指して2017年8月1日にバンクーバーを出発したのです。その出発直前には

「今日から行ってきます」

　と私に挨拶に来てくれました。その時、彼は自分の自転車を学校の前に鍵もかけずに停めていましたので

「そんなことじゃ、出発前に自転車を盗られてしまうよ」

　と言ったことを覚えています。その時、私は

「道中、野宿だけでは困るだろうから、何日かはユースホステルやモーテルに泊まるようにしたらいい。途中飛行機やバスに乗ってもいいからとにかく完走するんだ」

　とアドバイスして餞別（せんべつ）を渡して送り出しました。

　それから功大君は55日間でトロントまで完走しました。帰ってきてから彼はこう語っていました。

「サミーさんに『毎日１００キロ走って、そこの土地の人たちと話をして友達を作ったらいい』と言われて毎日100キロ走ってい

たんですが、最初のうちは来る日も来る日も人に会えない、誰とも話さない日の連続でした」

　道中は辛い日々の連続だったようです。またこの夏は内陸地で山火事が多く、煙って前が見えない地域もあったため、その区間はバスに乗ったといいます。こうして精神的にも肉体的にも大変な経験ではあったものの、行く先々で出会った人にごちそうしてもらったり、泊めてもらったりとカナダの人の温かい心に触れられたことも確かでした。

　大きな自信をつけてバンクーバーに帰ってきた功大君は、その後、カナディアンロッキーの拠点の町ジャスパーのホテルに3カ月間働きにいきました。沖縄出身の彼にマイナス30度の環境は辛かったことと思い、感想を聞いてみました。

「自転車でトロントに行ったときよりはずっといいです。あの時は野宿をして寝ていても、まともに眠れませんでした。いつ襲われるかわからず安心できなくて。それに比べたら、いくらどんな寒い町でも、ちゃんと屋根があって温かいベッドで眠れるのは安心でした」

　功大君はこのカナダでひと回りもふた回りも大きくなったようです。一昨年のクリスマスには彼から小包が届きました。そこに詰まっていた沖縄の美（ちゅ）ら海のカレンダーや「ちんすこう」などのお土産に、私は彼の姿を思い出していました。

29 到着後いきなり少年野球のボランティアを 開始して英語力を飛躍的にアップ
───────亀井陽介君

「大学の夏休み2カ月を使ってカナダに語学留学したい」という亀井陽介君に私はこう提案しました。留学生活の最初の1カ月はボランティアをして実践で英語を使い、次の1カ月は英語学校でしっかり英語を学んだらと。

陽介君とは2018年10月、大阪の留学フェアで出会いました。彼は野球が得意だと知ったので、カナダの小学生対象のベースボール教室でのボランティアを勧めたのです。

夏休み中、北米では子ども向けのいろんなプログラムがあり、遊びばかりのキャンプもあれば、絵やスポーツに特化したキャンプもあります。キャンプと言っても泊まりがけの野外キャンプの意味ではありません。

学生がいきなり現地の生活に飛び込んでボランティアをする。それによる英語力アップの効果は実証済みでした。英語学校の経営者の立場からは、学校で長く勉強してもらったほうが利益に

つながりますが、それでも学生に意味のある方法を勧めない訳にはいきません。

　陽介君は、カナダに入国したすぐ翌日に私との約束の場所、キングエドワード駅にひとりでやってきました。それから私の車に乗って、ヒルクレストパークへ移動し、球場にいるベースボールコーチのポールと顔合わせをしたのです。ここからひと月、6歳から13歳の子どもたちが参加する野球教室での陽介君のがんばりを想像しながら、私は十数年前に同じ経験をした佐々木健志君のことを思い出していました。案の定、陽介君は充実した2カ月を過ごし、英語力を飛躍的に伸ばして日本に戻っていきました。

30 半年間のレイクルイーズのホテル勤務を終えて
自転車でバンクーバーへ800キロ完走
────────宮口弘也君

　2019年に知り合った宮口弘也君には過去の教え子たちの体験をたくさんシェアしていました。「人生を変える留学」がまさに彼にとってのテーマでした。それを実現するため、まず名前をつけました。学校で見る弘也君は真面目でおとなしい印象でしたから、もっと大胆に前に出ていくために「Harry（ハリー）」という英語名をつけたのです。そして彼はアルバータ州のレイクルイーズのホテルへ行って、半年間がっちりと現地の人たちの間で働きました。

　その彼から2019年の10月、私が東京出張中にラインで連絡がありました。

　「レイクルイーズからバンクーバーに帰ってきています。サミーさんに会いたいのですが、どこにいるんですか？」

　私は東京にいることを告げました。

　「僕もバンクーバーから日本に帰ります」

　「成田に帰ってくるんだったら会えるね」

「残念ながら福岡に帰るんですよ」

　そんなやりとりの数日後にバンクーバーから福岡に帰った弘也君は、その帰国の翌日、自分でお金を払って東京にいた私にわざわざ会いに来てくれました。そして語ってくれた言葉は

「とにかくサミーさんに感謝しかないんです」

　でした。

「僕はレイクルイーズからバンクーバーまでの800キロを8日間かけて自転車で帰ってきました」

　ホテルで働き、カナダ人と6カ月間寝食を共にして怖いものなしになった彼は、私から話を聞いていた老沼君、志堅原君の体験にならって自転車で走って帰ってきたのです。そしてこのことを真っ先に報告したくてバンクーバーの学校に寄ってくれたそうです。ちなみにこの時、学校の前に置いた自転車が盗まれてしまったのだとか。

「自転車は盗まれましたけど、すべてやり終えたからいいと思っています」

　とさわやかに語っていました。私は彼の話を聞いて、老沼君、志堅原君が成し遂げた「自転車でのカナダ横断」はひとつの伝統のようになっていることを感じました。

「(ふたりのように) 5000 キロ旅行した人たちに比べたら簡単なものでした」

　こう話す弘也君を私は写真展に誘いました。ちょうどその時東京で、私が出展するグループ写真展のオープニングイベントがあったのです。そこにはバンクーバーで日本国総領事を務めていらした現南スーダン大使や著名人など約 20 人が参加しており、その人たちの前で弘也君にスピーチをするよう促しました。そして堂々と自分のカナダでの体験を話してくれる彼の姿を、私は誇らしく見つめていました。

あとがき

　この本には熱い情熱で人生にチャレンジした３０人の教え子たちが登場しました。出版にあたって彼らの多くに自ら校正していただく機会が持てたことを本当にうれしく思います。またこの本でエピソードを紹介できなかった鈴木愛子さん、大森亜美さん、塩野貴子さん、一緒にバンドをやったFUJIのメンバーだった藤平君、テツ君、コウヘイ君、そして他の大勢の教え子の皆さんに、この場を借りて感謝の意を表します。

サミー高橋

著者プロフィール
サミー高橋

International House Vancouver教育プログラム顧問兼
IHグローバル塾塾長

　1977年カリフォルニア州立大学フレズノ校言語学部を卒業。専門は英語教授法。帰国後、大手の英会話スクールで講師トレーニングと教材開発に従事。1991年某英会話スクールのバンクーバー校の立ち上げのためにカナダに移住。1994年バンクーバーで新たに英語学校を設立。2012年までカナダに3校、オーストラリアに2校の直営校を展開。

　現在はGlobal Savvy Education Inc.の代表取締役、そして日本カナダ商工会議所の会長も務める。

　自身の経験を語った以下の著書がある。
『きっと君にもできる』（文芸社）
『自分を生きれば道は開ける』（明窓出版）
『イン・マイ・ライフ』（Meiso Canada Publishers)
また日本人に効果的な英語習得法を伝える本も著している。
『英語はスポーツだ!』(Meiso Canada Publishers)
*英語タイトル：Learn to Speak English as if You Were Playing Sports

Change your life by studying abroad

人生を変える留学

2020年5月6日発行

著者　　　サミー高橋 Sammy Takahashi

発行者　　Meiso Canada Publishers

©Sammy Takahashi 2020